YOUR KNOWLEDGE HAS VALUE

- We will publish your bachelor's and master's thesis, essays and papers

- Your own eBook and book - sold worldwide in all relevant shops

- Earn money with each sale

Upload your text at www.GRIN.com
and publish for free

Linda Torresin

La "città-anticittà" dell'ultimo simbolista russo: note sul "Rasskaz o Gospodine Prosto" di A. Skaldin

GRIN Verlag

Bibliografische Information der Deutschen Nationalbibliothek:

Die Deutsche Bibliothek verzeichnet diese Publikation in der Deutschen National-
bibliografie; detaillierte bibliografische Daten sind im Internet über http://dnb.d-
nb.de/ abrufbar.

Imprint:

Copyright © 2012 GRIN Verlag GmbH
Druck und Bindung: Books on Demand GmbH, Norderstedt Germany
ISBN: 978-3-656-40225-1

This book at GRIN:

http://www.grin.com/en/e-book/211827/la-citta-anticitta-dell-ultimo-simbolista-
russo-note-sul-rasskaz-o

Torresin L.

La "città-anticittà" dell'ultimo simbolista russo: note sul *Rasskaz o Gospodine Prosto* di A. Skaldin

Il *Rasskaz o Gospodine Prosto* [*Racconto del Signor Semplice*] (1919-1924)[1] è certamente l'opera di Skaldin che più si accosta alle esperienze dell'Avanguardia. Questa «prosa complessa, sperimentale, estremamente vicina alla letteratura di maniera OBÈRIU»[2], abbraccia un frammento temporale ben preciso (22 luglio 1917)[3], ma «con il luogo d'azione l'autore getta apposta la polvere negli occhi al lettore»[4], ambientando la vicenda in uno spazio dai contorni indefiniti e mobili, in una città reale e immaginaria che è al tempo stesso un'"anticittà" – come vedremo.

«Bisogna immaginarsi fin dall'inizio alcuni oggetti e situazioni [...]»[5].

La città in cui si svolge il racconto viene intesa da Skaldin sia come «oggetto» (*predmet*) che come «situazione» (*položenie*), in uno sdoppiamento identitario che sottrae all'*urbs* la sua natura integrale – classica – di *hólōn* o totalità, e la presenta come insieme di oggetti e contemporaneamente teatro dell'azione.

---

[1] Il racconto è un capitolo in quattro sezioni di una raccolta di novelle sulla rivoluzione dal doppio titolo, *Večera u Mastera Cha* [*Le serate dal Maestro Cha*] o *Večera u Mastera Christofora* [*Le serate dal Maestro Cristoforo*] (v. T.S. Car'kova, *Terpenie i vernost'*, in «Avrora» 10-12, 1993, p. 32; Ead., *"Čeloveka ubit" prosto..." (Saratovskij period žizni pisatelja A.D. Skaldina),* in «Russkaja literatura» 1, 1994, p. 186; Ead., *"Skaldinovščina" (Saratovskij period žizni A.D. Skaldina),* in «Lica: Biografičeskij al'manach» 5, 1994, p. 465; Ead., *"Vašim romanom ja očarovan, kak prekrasnoj vešč'ju..." Pis'ma N.V. Kuz'mina A.D. Skaldinu,* in «Volga» 9-10, 1994, p. 135; *A.D. Skaldin. Stichi. Proza. Stat'i. Materialy k biografii,* sost., podgot. teksta, vstup. stat'ja, komment. T.S. Car'kovoj, Izdatel'stvo Ivana Limbacha, Sankt-Peterburg 2004, p. 492; A. Ackermann, *Ödipus im Glück. Zur Poetik von Aleksej Skaldins Roman „Stranstvija i priključenija Nikodima staršego" („Reisen und Abenteuer Nikodims des Älteren"),* Bis, Oldenburg 2001, pp. 16-17). Iniziata nel marzo 1919 e terminata nel mese di ottobre dell'anno 1922, la raccolta è data alle stampe dalla casa editrice Kurgany, ma il manoscritto viene perso durante il primo arresto di Skaldin (cfr. *A.D. Skaldin,* ed. Car'kova, p. cit.). Se ne conserva solamente una minima parte, il *Rasskaz o Gospodine Prosto,* pubblicato integralmente per la prima volta in Car'kova, *Terpenie i vernost'*, cit., pp. 35-49, e riedito in *A.D. Skaldin,* ed. Car'kova, pp. 225-237 (farò riferimento a quest'ultima edizione).
[2] T.S. Car'kova, *Stranstvija i priključenija Alekseja Skaldina,* in «Sankt-Peterburskaja vedomosti», 18 aprile 1992 (qui e avanti, in assenza di altre indicazioni, la traduzione è mia). Oltre ad anticipare gli *obèriuty,* questo capolavoro d'originalità stilistica (cfr. Ead., *«Čeloveka ubit' prosto...»,* cit., p. 181) precorre anche il *mauvisme* (v. Ead, *Terpenie i vernost'*, cit., p. 32).
[3] È la data in cui il protagonista del racconto, il Signor Semplice, entra in un negozio per comprare una spazzola per il tavolo da gioco in betulla di Carelia (v. *A.D. Skaldin,* ed. Car'kova, § II, p. 228).
[4] T.S. Car'kova, *... nit' blestjaščaja tonka,* in *Ivi,* p. 16.
[5] «Нужно представить себе с самого начала несколько предметов и положений [...]» (*A.D. Skaldin,* ed. Car'kova, § <I>, p. 225).

Gli elementi che costituiscono la "città-oggetto" sono la gonna della diciannovenne di cui è invaghito il protagonista e i suoi riccioli d'oro[6].

La «situazione» o contesto locativo della città è data dalle strade pavimentate «di sampietrino irregolare o pietre piatte», completamente «deserte»[7], e dal *bel étage* del Signor Semplice, immerso in un'atmosfera dal sapore medievale.

> L'appartamento del Signor Semplice si trova nel piano nobile. Davanti alle finestre si erge il muro del giardino botanico, vecchio muro monasteriale di un monastero non russo. La strada è stretta, e da dietro la recinzione, attraversandola fino a raggiungere la casa di fronte, si protende il grasso ramo di un albero pluricentenario. A volte su di esso si vede la sagoma leggera di un impiccato che dondola – un contadino dalle rozze scarpe con la suola di legno –, e l'ombra del cavallo di un cavaliere. Il tintinnio degli speroni o lo scalpitio degli zoccoli per ora non si possono ancora sentire, ma poi forse si sentiranno[8].

Il «monastero non russo» (*nerusskij monastyr'*) che confina con l'abitazione del protagonista del racconto è un piccolo segnale che ci induce a pensare che la variante "russicità" – "non-russicità" non sia un parametro utile alla definizione della città skaldiniana, che, risultando simultaneamente "russa" per alcuni aspetti e "non-russa" per altri, è una *border town*, uno spazio liminare extraetnico e universale in cui indigeno e allogeno, *svoë* (proprio) e *čužoe* (altrui)[9] si intreccino.

> Il Signor Semplice è davvero un Signor Semplice: non ha segni distintivi eccetto la sua posizione. E difficilmente è stato in Russia. È tanto più sorprendente che la vecchietta che deve comparire se ne stia seduta nella sua veranda indubbiamente russa, e che suo figlio, militare, presti servizio nell'armata russa. L'armata non è ancora divisa in base al colore. Certamente non si può provare con l'aiuto della veranda e del servizio militare, ma il gatto parla solo russo. All'estero sarebbe impossibile, anche se fosse un gatto di emigrati: i gatti non hanno principi nazionali, e la vicinanza con i tedeschi, i francesi, i cechi o i serbi influirebbe pur sempre sullo sviluppo della capacità locutoria di un animale[10].

---

[6] V. *Ibidem.*

[7] V. *Ibidem.*

[8] «Квартира Господина Просто в бельэтаже. Против окон стена ботанического сада – старая монастырская стена нерусского монастыря. Улица узка, и из-за ограды, пересекая ее до противоположного дома, тянется толстый сук многосотлетнего дерева. Иногда на нем виден легкий абрис качающегося человека – повешенного, крестьянина в грубых башмаках на деревянной подошве, и тень рыцарской лошади – звона шпор или цоканье копыт пока еще нельзя слышать, но, возможно, потом они будут слышны» (*Ibidem*).

[9] Cfr. Ju. Lotman, *K postroeniju teorii vzaimodejstvija kul'tur (semiotičeskij aspekt)*, in «Trudy po romano-germanskoj filologii», Tartu 1983.

[10] «Господин Просто – он так и есть Господин Просто – у него нет отличительных признаков, кроме его положения. И вряд ли даже он был в России. Это тем более удивительно, что старушка – а она должна появиться – сидит на своей несомненно русской веранде, и ее сын,

Alzatosi tardi – come sua abitudine –, dopo la *toilette* mattutina il Signor Semplice beve il caffè e intanto rievoca nella sua mente l'immagine dell'innamorata Mary – la nipote diciannovenne con la quale ha fissato un appuntamento per quel giorno –, o meglio, della sua gonna «quotidiana, di cotone, a grandi righe, e i toni sul rosso e sul blu delle righe, su uno sfondo grigio scuro, non danno l'impressione, mescolandosi, di un colore definito»[11]: si tratta di un capo dal taglio particolare, con tasche ai fianchi che permettono a chi lo indossa di sollevarlo agli angoli.

Nella descrizione della gonna ricorrono alcuni *Leitmotiven* che si ritroveranno poi nella topografia stessa della città, e in particolare:

1. la flessibilità del concetto di spazio, con l'accenno ad una dimensione "iperspaziale" che ricorda gli studi sulla «quarta dimensione»[12] (gli sbuffi ai lati della gonna fungerebbero da ottime tasche in cui nascondere «vuoti del tutto reali» [*soveršenno real'nye pustoty*] come fazzoletti, bigliettini d'amore, portasigarette e scatole di fiammiferi);

2. la "geometricità" della gonna, con le sue linee e i suoi angoli;

3. la centralità del «calcolo esatto», la ricerca dell'armonia e proporzionalità delle parti tra loro e con il tutto (alzando gli angoli della gonna, Mary potrebbe aumentarne la superficie o far sembrare le sue gambe più grandi, cambiando le proporzioni del suo corpo e il modo in cui esso è percepito).

военный, служит в русской армии. Армия еще не делится по признакам цвета. Конечно, нельзя уличить при помощи веранды и военной службы, но кот говорит только по-русски. За границей это невозможно, если бы он был даже эмигрантским котом: национальных принципов у котов нет, соседство с немцами, французами или чехами и сербами всегда сказалось бы на развитии у животного способности речи» (*A.D. Skaldin*, ed. Car'kova, p. cit.). Nella città del Signor Semplice la moneta vigente non è il rublo: la scatoletta di legno di Carelia viene acquistata dal protagonista per «quindici banconote, non rubli» (*pjatnadcat' ne rublej, a bumažek*) (cfr. *Ivi*, § II, p. 230).

[11] *Ivi*, § <I>, p. 226: «повседневная, из бумажной материи в крупную полоску, причем красноватые и синеватые тона полос по основному темно-серому полю, мешаясь, не дают впечатления определенного цвета».

[12] La «quarta dimensione» è un'entità matematico-filosofica dello spazio, concepita come dimensione immediatamente successiva alle tre dimensioni dello spazio euclideo, che attrae l'attenzione di scienziati, filosofi e scrittori già a partire dalle ricerche ottocentesche di N. Lobačevskij e J. Bolyai, iniziatori delle geometrie non euclidee, e trova coronamento nella teoria della «relatività speciale» di Einstein (1905) e nello «spazio-tempo» di H. Minkowski (1907). Alcuni membri del gruppo artistico «Sojuz molodëži» (Unione della gioventù, 1909-1914), come K. Malevič, M. Matjušin ed E. Guro, promuovono una concezione della «quarta dimensione» intesa come spazio psichico-spirituale dell'artista. Allo studio del problema della «quarta dimensione» sono dedicati i lavori di P. Uspenskij *Četvërtoe izmerenie* [*La quarta dimensione*] (1909) e di P. Florenskij *Mnimosti v geometrii* [*I numeri irrazionali in geometria*] (1922), con l'interpretazione matematico-filosofica del viaggio dantesco.

Ad attirare l'attenzione del narratore e a catturare l'immaginazione, i ricordi e

i desideri del protagonista del racconto è, accanto alla gonna di Mary, tutta una serie

di parti del corpo o dettagli fisici, dai riccioli dorati e dalle labbra con uno strato

leggero di rossetto[13] alle gambe della ragazza, al naso e agli occhi del suo ritratto[14],

per arrivare fino alle gambette della sorellina Ninočka[15] e alle sue treccine bionde[16].

Tutte queste immagini, nella loro continua iterazione e combinazione

reciproca, fungono da stilemi iconici atti all'identificazione dei singoli personaggi,

ma rafforzano anche l'impressione della frammentazione della società russa

rivoluzionaria e dell'impossibilità di ripristinare una *Weltanschauung* "integrale".

> C'era un uomo rosso che non aveva occhi né orecchie. Non aveva nemmeno i
> capelli, per cui lo chiamavano "rosso" in via convenzionale. Non poteva parlare, poiché non aveva la
> bocca. E non aveva neanche il naso. Non aveva nemmeno braccia e gambe. E non aveva la pancia,
> non aveva la schiena, non aveva la spina dorsale, non aveva le interiora. Non aveva niente! Sicché
> non si capisce di chi stiamo parlando. Meglio non parlarne più[17].

Come nel faceto racconto di D. Charms, la città del Signor Semplice è un

uomo mutilato dall'identità evanescente che, anziché costituirsi nucleo aggregante o

civitas, si rivela un accostamento fortuito di frammenti (oggetti e persone) che

coesistono nella medesima realtà, senza tuttavia fondersi in un quadro unitario.

---

[13] «Il momento decisivo poteva essere la comparsa nei ricordi dei riccioli dorati [*zolotjaščiesja kudrí*] sulla fronte e sulle orecchie (scrollandosi, la testa scrolla anche i riccioli); le labbra leggermente truccate [*guby, slegka nakrašennye*] non avevano fatto in tempo a comparire e non dovevano comparire, poiché il Signor Semplice si era già perso [...]» (*Ivi*, § <I>, p. 227).

[14] «Nel ritratto c'erano sia gli occhi che il naso: esso era più di una rappresentazione. Esso, infine, celava in sé, sotto le raffigurazioni, le raffigurazioni di ciò che per ora al Signor Semplice era ignoto: esso riguardava direttamente la personalità e non si preoccupava delle gambe, come se fosse sicuro che le gambe erano solo la continuazione della cosa principale [*nogi est' tol'ko prodolženie glavnogo*]. Il Signor Semplice osservò il ritratto per circa dieci minuti. Ciascun ricciolo fu di nuovo studiato, per ciascuna rotondità della forma venne trovata una definizione già nota, quando di nuovo si presentarono le gambe che avanzavano veloci [*bystro iduščie nogi*], così veloci che afferrarle con lo sguardo e dividerle nei nomi delle singole parti era impossibile» (*Ivi*, § III, p. 232).

[15] «E qui la gambetta infantile, stretta nella scarpina nera, non occupa tutta la pedata dei gradini, lo stinco nella calza sottile è magro (ne spicca l'osso frontale), e ciò che è più su delle ginocchia non si delinea tra le pieghe del vestito. Ma l'impressione generale riconduce sempre all'immagine di colei della quale si parlava all'inizio: questa è sua sorella» (*Ivi*, § IV, p. 233).

[16] «Se fosse possibile descrivere solo le treccine della bambina e il suo fermacoda, credetemi, mi limiterei a ciò: gli incroci tesi dei capelli raccolti e la tinta indaco dei nastrini [*tugie skreščenija sobrannych volos i indigovaja okraska lentoček*], un po' sbiadita ai margini e alle estremità, ma ancora scurissima là dove dai nodi si irradiano le pieghe. Questo è quasi geniale, come, in Omero, la descrizione non di Elena, ma delle impressioni da lei prodotte negli anziani» (*Ibidem*).

[17] La storiella grottesca *Golubaja tetrad' №10* [*Quaderno azzurro N. 10*] (1937), del ciclo *Slučai* [*Casi*] (1933-1939), è in *D. Charms. Polёt v nebesa. Stichi, proza, dramy, pis'ma*, vstup. st., sost., podgot. teksta i primeč. A. A. Aleksandrova, Sovetskij pisatel', Leningradskoe otdelenie 1988, p. 353.

~ 4 ~

Permettono di stabilire un nesso tra le *disiecta membra* della città solo le relazioni interpersonali, che formano un «campo di rapporti sociali».

> Consideriamo la città come un campo di rapporti sociali formato da insiemi di rapporti di diverso tipo ognuno dei quali riguarda una sfera distinta di interazione sociale e costituisce quindi un sottosistema. Anche se è l'interazione di questi diversi insiemi di rapporti a far esistere il sistema complessivo, ogni insieme può avere un certo grado di autonomia, così che il ritmo e la natura del mutamento non sono distribuiti in maniera uniforme su tutto il campo[18].

La città, intesa come società segmentaria ed eterogenea, è come un campo di forze alimentato dall'interazione e dal reciproco influsso tra i corpi o le persone.

Se non conosciamo il nome della città del *Rasskaz o Gospodine Prosto*, le sue vie paiono disegnate dall'incontenibile trasporto amoroso che avvicina sempre più a Mary il Signor Semplice in cammino: «Che città è? A che serve il suo nome? Le sue strade non sono rettilinee, ma tra gli innamorati esistono solo vie aeree»[19].

Che la topografia cittadina rifletta i pensieri e le emozioni del protagonista, diventando così una sorta di "spazio emotivo" e "privato" del soggetto, di specchio del suo sentire più intimo, è confermato dall'associazione – da parte del Signor Semplice – degli angoli delle strade con gli angoli della gonna della ragazza:

> La non-rettilineità delle strade – gli angoli – si associano con gli angoli della gonna. L'associazione, quasi come in sogno, diviene rappresentazione: gli angoli delle strade impediscono di arrivare presto, la gonna con i suoi angoli impedisce l'immediatezza. Un senso di stizza penetra nella coscienza del Signor Semplice, inizialmente ad angolo acuto, ma poi, quando, camminando sul marciapiede verso la montagna, vede che l'angolo più vicino è ottuso, anche la sua stizza diventa ottusa[20].

Da moderno *flâneur*, il Signor Semplice «non riconosce una città al di fuori di sé, al di fuori delle strade e dei paesaggi dei suoi sentimenti»[21].

---

[18] A. Epstein, *La politica della parentela*, a cura di G. Arrighi e L. Passerini, Feltrinelli, Milano 1976, p. 236 (tit. orig. *Politics in an Urban African Community*, Manchester University Press, Manchester 1958).

[19] «Какой город? Имя его к чему? Но улицы его не прямолинейны, а между влюбленными существуют только воздушные пути» (*A.D. Skaldin*, ed. Car'kova, § <I>, p. 227).

[20] «Непрямолинейность улиц – углы ассоциируются с углами юбки – ассоциация почти как в сновидении доходит до представления – углы улиц мешают быть скоро, юбка с ее углами мешает непосредственности. Чувство досады входит в сознание Господина Просто сначала острым углом, но затем, когда, шагая по тротуару к горе, он видит, что ближайший угол тупой, и чувство превращается в тупое» (*Ibidem*).

[21] A.M. Sobrero, *Antropologia della città*, La Nuova Italia Scientifica, Roma 1992, p. 148.

Il *flaneur* ama il centro della città, o meglio il suo centro e i suoi percorsi, il dilatarsi del proprio *interieur*. La realtà esiste solo "come se" egli se ne collocasse al centro. Nei confronti di quella città che è inevitabilmente degli altri, il *flaneur* è di solito aggressivo [...][22].

Tuttavia la città "trasfigurata" dall'io individuale non coincide con la città reale, che spesso manifesta la propria stessa estraneità e ostilità verso il *flâneur*: è così che, accusato ingiustamente di furto, il Signor Semplice si sente dire che in città nessuno lo conosce e può garantire per lui[23]; inoltre, straniero nella sua città, il protagonista si muove per le sue vie come se vedesse quei luoghi per la prima volta.

Nel recarsi a casa dell'amata, addirittura si perde «nella città straniera, situata in chissà quale paese, benché recante i segni del comfort europeo»[24].

Se l'«idea minima» di città implica l'incontro tra più strade entro confini sicuri, con la transizione dalla casa propria al quartiere altrui o ai luoghi di nessuno[25], la città skaldiniana è una via di mezzo, un "ibrido" tra città e "anticittà".

Priva di un centro, essa non permette infatti di orientarsi, anche perché le strade, tra brusche svolte ad angolo ottuso, sembrano condurre tutte alla montagna.

Poggi e depressioni, marciapiedi, un fiume, un lampione che non si accende, un panificio, una merceria, un giardino, una salumeria, una chiesa, una pasticceria e un negozio di giocattoli: questi sono gli unici punti individuabili sulla mappa della città del Signor Semplice, che, per il resto, si viene a configurare come un labirinto.

> Nun wird die Stadt dem Neuling Labyrinth. Straßen, die er weit voneinander angesiedelt hat, reißt eine Ecke ihm zusammen [...]. Wie vielen topographischen Attrappen er verfällt, ließe in seinem ganzen passionierenden Verlauf sich einzig und allein im Film entrollen: die Großstadt setzt sich gegen ihn zur Wehr, maskiert sich, flüchtet, intrigiert, verlockt, bis zur Erschöpfung ihre Kreise zu durchirren[26].

Ma come fare per ritrovare l'abitazione di Mary?

Il Signor Semplice interroga – invano – il sampietrino che lastrica le vie: «Se

---

[22] *Ibidem*.
[23] Cfr. *A.D. Skaldin*, ed. Car'kova, § II, pp. 229-230.
[24] *Ivi*, § <I>, p. 227: «[...] в городе незнакомом и находящемся в неизвестно какой стране, хотя и с признаками европейского комфорта [...]».
[25] V. J. Rykwert, *L'idea di città*, Einaudi, Torino 1981 (tit. orig. *The Idea of the City*, Princeton University Press, Princeton 1976).
[26] W. Benjamin, *Städtebilder*, Suhrkamp Verlag, Frankfurt am Main 1963, pp. 10-11.

tutto il sapere si riconducesse ad un calcolo esatto! Ma il disegno screziato del sampietrino non mostra l'intento grafico del suo creatore, e non si possono fare su di esso nemmeno dei computi approssimativi»[27].

La città industrializzata non è un "libro aperto" che si possa sfogliare, bensì una sostanza inafferrabile, indicibile e indescrivibile[28], come la «città invisibile» Zaira:

> Inutilmente, magnanimo Kublai, tenterò di descriverti la città di Zaira dagli alti bastioni. Potrei dirti di quanti gradini sono le vie fatte a scale, di che sesto gli archi dei porticati, di quali lamine di zinco sono ricoperti i tetti; ma so già che sarebbe come non dirti nulla. Non di questo è fatta la città, ma di relazioni tra le misure del suo spazio e gli avvenimenti del suo passato: la distanza dal suolo d'un lampione e i piedi penzolanti d'un usurpatore impiccato; [...] l'altezza di quella ringhiera e il salto dell'adultero che la scavalca all'alba [...]. Una descrizione di Zaira quale è oggi dovrebbe contenere tutto il passato di Zaira. Ma la città non dice il suo passato, lo contiene come le linee d'una mano, scritto negli spigoli delle vie, nelle griglie delle finestre, negli scorrimano delle scale [...][29].

Smarritosi nella città e incapace di leggere il suo passato «scritto negli spigoli delle vie», il Signor Semplice si rivolge ai passanti, ma le loro parole si confondono nella sua testa; per fortuna, però, sopraggiunge un signore con la bombetta e il cappotto fulvo, che gli spiega la strada «con l'esattezza di un geometra».

Mentre il «geometra» tiene la sua lezione di topografia cittadina,

> [...] comparvero per la prima volta le gambe. Non quelle che avevano calpestato allora questi sassi innumerevoli, ma gambe che si trovavano chissà dove ed erano tuttavia perfettamente visibili: sporgevano da sotto la gonna quasi fino alle ginocchia, ma anche più su, sotto la stoffa sottile, spiccavano come durante una camminata, elastiche, rotonde e unite da un angolo variabile. E la cosa principale erano il calcolo e le proporzioni. Questa non era più la noiosa lezione di un geometra a scuola; ciò risplendeva come un sapere secondo, più tardo: non solo le gambe, con la bellissima caviglia e la bella pianta del piede, si fondevano con l'alto collo del piede, ma nascevano come giustamente rapportate al corpo[30].

---

[27] «Если бы все знание сводилось к точному счету! Но рябой узор булыжника не обнаруживает графического замысла создателя, и хотя бы приближенных о нем вычислений сделать нельзя» (*A.D. Skaldin*, ed. Car'kova, § II, p. cit.).

[28] Cfr. R. Williams, *The Country and the City*, The Hogarth Press, London 1985, p. 165: «The growth of towns and especially of cities and a metropolis; the increasing division and complexity of labour; the altered and critical relations between and within social classes: in changes like these any assumption of a knowable community – a whole community, wholly knowable – became harder and harder to sustain».

[29] I. Calvino, *Le città invisibili*, Mondadori, Milano 2009, pp. 10-11.

[30] «[...] впервые появились ноги. Не те, что толклись тогда на этих несчетных камнях, но неизвестно где находящиеся и все же совершенно ясно видимые: они выставлялись из-под юбки менее чем по колена, но и выше под тонкой тканью обозначались как при ходьбе – упругими, округлыми и соединенными меняющимся углом. И главное было в счете и

Non essendo un vero artista e non potendo cogliere tutte le forme e i movimenti del corpo umano, il Signor Semplice non rimane deluso dalla visione: «c'era esultanza, poiché c'era la limitata pienezza del sapere istantaneo»[31].

La città, con le sue vie labirintiche di arida "geometricità", svanisce di fronte alla potenza dell'immaginazione del protagonista, che crea un mondo parallelo "vivo" capace di sostituirsi al mondo cittadino "morto", caratterizzato dal trionfo non della "geometria" ma dall'"estetica": solo nella contemplazione del bello, infatti, si può raggiungere un «sapere secondo, più tardo» (*vtoroe, pozdnee znanie*), riconducibile ad un «calcolo esatto» (*točnyj sčët*), quasi che il nucleo urbano non fosse conoscibile che tramite la proiezione su di esso del proprio sguardo interiore.

«La città è un invito allo sguardo (e al consumo) e il primo aspetto del carattere del *flaneur* è, appunto, il suo amore per lo sguardo [...]»[32]: se le gambe dell'amata Mary sono fonte di piacere estetico e di "sapere", lo stesso vale per la spazzola per il tavolo da gioco in betulla di Carelia che il Signor Semplice adocchia nella vetrina di una merceria in cui «qualsiasi geometra [...] si sarebbe perso»[33].

Il "sapere" che il Signor Semplice insegue per le strade della sua città e negli oggetti che sono il simbolo della reificazione tipica della società moderna, si traduce, in fin dei conti, nella ricerca della propria identità e della propria storia privata.

Ed ecco che nella scatoletta di legno dal «fitto disegno» su «tono scuro», di per sé «puramente geometrica» e «con proporzioni nient'affatto riuscite»[34] – acquistata controvoglia dal Signor Semplice nella merceria e destinata inizialmente ad essere bruciata nel caminetto –, egli riversa tutta l'energia del proprio *eros* represso, trasformandola in un "doppio" della gonna e del corpo dell'innamorata.

пропорциях – это уже не было скучным уроком школьного геометра – это светилось как второе, позднее знание – ноги не только отливались прекрасной щиколоткой и красивой ступней с высоким подъемом – они создавались как правильно отнесенные к корпусу» (*A.D. Skaldin*, ed. Car'kova, § II, p. 228).

[31] *Ibidem*: «торжество было, так как была ограниченная полнота мгновенного знания».

[32] Sobrero, *Antropologia della città*, cit., p. 147.

[33] «Il Signor Semplice non giocava a carte, e nemmeno i suoi amici e conoscenti. La spazzola non gli serviva per il suo scopo immediato [*dlja svoej prjamoj celi*], ma la figura che vi era disegnata era la stessa delle vecchie pentole di rame della dispensa del Signor Semplice: una testa leonina dalla lingua assai sporgente e piegata, una testa leonina in una ghirlanda di rose» (*A.D. Skaldin*, ed. Car'kova, p. cit.).

[34] Cfr. *Ivi*, § II, p. 229.

E che dire del desiderio delle cose? Esse non hanno desideri, ma, anche se li avessero, le persone respingerebbero questi desideri, se no vivere sarebbe complicato e si dovrebbe inventare tutta una serie di nuove sentenze. E tuttavia, a qualsiasi cosa il Signor Semplice pensasse quando toccò il coperchio della scatoletta nel negozio – se esaminasse nell'immaginazione le proiezioni trasversali della gonna e le gambe visibili attraverso di essa o che altro, se collegasse l'elastica levigatezza del coperchio e degli spigoli con altre rappresentazioni – non si sa (lui stesso non poteva ricordare tutto), comunque l'istante di questo primo contatto risultò decisivo[35].

Il protagonista percepisce subito l'intima somiglianza della scatoletta con la ragazza amata, e, nelle sue fantasie, l'«elasticità di tutta la figura e flessibilità della sagoma» (*èlastičnost' vsej figury i uprugost' očertanij*) di Mary[36] si confonde ora con l'«elastica levigatezza del coperchio e degli spigoli» del recente acquisto.

Tale sentimento sembra coincidere con i «desideri delle cose» (*chotenija veščej*) e, in particolare, della scatoletta, che, disposta com'è a conquistarsi la benevolenza del nuovo proprietario, gli manifesta – con un repentino mutamento di forme e colori – il proprio amore (riverbero di quello del Signor Semplice per Mary).

I disegni dell'amore sono indescrivibili. Ma il giallo che si era scurito era indubbiamente ingegnoso. A destra e a sinistra crescevano sempre più tenacemente i contorni irregolari di una mezzaluna e diventavano rapidissimi, formando una grande curva scura in direzione di ogni lato, e in alto turbinavano quasi come nuvolette irraggiungibili – questo non è un disegno – no! – questo è un sentimento[37].

Scrive B. Mjagkov: «Il mondo di un libro, il mondo dell'autore-scrittore è reale [*realen*] e al tempo stesso non materiale [*ne materialen*]»[38].

Di «reale» la città skaldiniana ha ben poco, mentre la sfera dell'astrazione simbolica gioca un ruolo preponderante nella caratterizzazione del centro urbano, che interagisce con il mondo interiore del protagonista e con il suo "tempo".

---

[35] «О хотении вещей что же говорить? Хотений у них нет, да если б они и были, люди отвергли бы эти хотения – так неудобна была бы из-за того жизнь: пришлось бы выдумывать новые ряды сентенций. И однако, о чем бы ни думал Господин Просто, когда прикоснулся к крышке шкатулки еще в магазине, – рассматривал ли он в воображении поперечные проекции юбки и видимых сквозь нее ног или что другое, соединял ли упругую полированность крышки и ребер с другими представлениями – неизвестно (он и сам не все мог вспомнить), – все же этот момент первого прикосновения оказался решающим» (*Ivi*, § III, p. 231).

[36] Cfr. *Ivi*, § <I>, p. 226.

[37] «Узоры любви неописуемы – но потемневшая желтизна была несомненно изобретательна – вправо и влево все настойчивее и настойчивее росли неправильных очертаний полулуния, переходили в стремительность, образуя в каждую сторону по одному большому темному выгибу, вверху они клубились почти как недосягаемые облачка – это не рисунок – нет! – это чувство» (*Ivi*, § III, p. 231).

[38] B. Mjagkov, *Bulgakovskaja Moskva*, Moskovskij rabočij, Moskva 1993, p. 11.

Ma il "tempo" del Signor Semplice non coincide con il "tempo" della città.

In quanto elemento "antistorico", «la città è un meccanismo che riporta di nuovo in vita di continuo il passato, il quale ha la possibilità di cambiarsi col presente come se passato e presente fossero su un piano sincronico»[39].

Il protagonista del *Rasskaz o Gospodine Prosto* sembra però vivere in un'unica dimensione temporale, quella dell'immediato presente, dell'*hic et nunc*. Privo di memoria[40], il personaggio skaldiniano è anche incapace di comprendere il futuro, il progressivo evolversi degli eventi, la "corsa del tempo".

Uscito nuovamente dopo l'acquisto della scatoletta, il Signor Semplice rintraccia con facilità la casa di Mary, dove può godere a sazietà della vista dei riccioli biondi e delle gambe della ragazza, che – ci viene assicurato – accarezzerà di lì a qualche mese, continuando a vivere nell'agio, tra viaggi in treno e *shopping*,

> [...] ma le strade diventavano sempre più confuse, il fornaio, con il suo ragionamento sulla merce e i modi di un pendolo, procedeva sempre più veloce, le punte delle sue scarpe si facevano più lunghe e appuntite; il lampione sul sostegno cominciò a dondolare, più di una volta i suoi vetri tintinnarono – e la via del Signor Semplice fu infine stabilita[41].

L'ultima sezione del racconto ha come protagonista non il Signor Semplice ma la nipotina Ninočka con uno gnomo in testa, non il grigiore della città ma la verde *dača* della nonna, in cui il "tempo concluso" del *flâneur* lascia spazio alle generazioni emergenti, quasi che la speranza della salvezza del «nostro secolo rotto» (*naš slomlennyj vek*)[42] fosse nella fiabesca periferia, nell'"anticittà" dell'infanzia.

---

[39] Lotman, *Il simbolismo di Pietroburgo e i problemi della semiotica della città*, in Id., *La semiosfera. L'asimmetria e il dialogo nelle strutture pensanti*, a cura di S. Salvestroni, Marsilio Editori, Venezia 1985, p. 232 (tit. orig. *Simvolika Peterburga i problemy semiotiki goroda*, in «Trudy po znakovym sistemam» 18, Tartu 1984). «In questo senso la città, come la cultura, è un meccanismo che si contrappone al tempo» (*Ibidem*).

[40] Il narratore sottolinea spesso l'impossibilità da parte del Signor Semplice di "ricordare" (*vspominat'*), «una grande scienza [*bol'šaja nauka*] che lui per ora non ha studiato» (*A.D. Skaldin*, ed. Car'kova, § III, p. 233). Cfr. *Ivi*, § III, p. 231: «lui stesso non poteva ricordare tutto».

[41] Cfr. *Ivi*, § III, p. 233: «[...] но улицы становились все путанее и путанее, булочник, с рассуждением о товаре и повадкою маятника, ходил все быстрее и быстрее, носки его башмаков делались остроконечнее и длинней; фонарь на стреле начал покачиваться, не однажды звякнули его стекла, – и путь Господина Просто наконец определился». Il fornaio pensieroso che si lamenta per l'assenza di clienti, rivendicando l'ottima qualità del suo pane, e si muove come un pendolo – incrociato dal Signor Semplice all'ingresso e all'uscita dalla merceria (cfr. *Ivi*, § II, pp. 228, 230) – è, del pari del lampione spento oscillante (cfr. *Ivi*, § II, p. 228) e delle gambe di Mary (cfr. *Ivi*, § III, p. 232), il simbolo della *beg vremeni*, del tempo accelerato dalla rivoluzione.

[42] L'espressione è in *Ivi*, § IV, p. 236.

BIBLIOGRAFIA

A. Ackermann, *Ödipus im Glück. Zur Poetik von Aleksej Skaldins Roman „Stranstvija i prikljucenija Nikodima staršego" („Reisen und Abenteuer Nikodims des Älteren")*, Bis, Oldenburg 2001.

W. Benjamin, *Städtebilder*, Suhrkamp Verlag, Frankfurt am Main 1963.

I. Calvino, *Le città invisibili*, Mondadori, Milano 2009.

T.S. Car'kova, *"Čeloveka ubit" prosto..." (Saratovskij period žizni pisatelja A.D. Skaldina)*, in «Russkaja literatura» 1, 1994.

T.S. Car'kova, *... nit' blestjaščaja tonka*, in *A.D. Skaldin. Stichi. Proza. Stat'i. Materialy k biografii*, sost., podgot. teksta, vstup. stat'ja, komment. T.S. Car'kovoj, Izdatel'stvo Ivana Limbacha, Sankt-Peterburg 2004, pp. 5-26.

T.S. Car'kova, *"Skaldinovščina" (Saratovskij period žizni A.D. Skaldina)*, in «Lica: Biografičeskij al'manach» 5, 1994.

T.S. Car'kova, *Stranstvija i prikljucenija Alekseja Skaldina*, in «Sankt-Peterburgskie vedomosti», 18 aprile 1992.

T.S. Car'kova, *Terpenie i vernost'*, in «Avrora» 10-12, 1993.

T.S. Car'kova, *"Vašim romanom ja očarovan, kak prekrasnoj vešč'ju..." Pis'ma N.V. Kuz'mina A.D. Skaldinu*, in «Volga» 9-10, 1994.

D. Charms. *Polët v nebesa. Stichi, proza, dramy, pis'ma*, vstup. st., sost., podgot. teksta i primeč. A. A. Aleksandrova, Sovetskij pisatel', Leningradskoe otdelenie 1988.

A. Epstein, *La politica della parentela*, a cura di G. Arrighi e L. Passerini, Feltrinelli, Milano 1976 (tit. orig. *Politics in an Urban African Community*, Manchester University Press, Manchester 1958).

Ju. Lotman, *Il simbolismo di Pietroburgo e i problemi della semiotica della città*, in Id., *La semiosfera. L'asimmetria e il dialogo nelle strutture pensanti*, a cura di S. Salvestroni, Marsilio Editori, Venezia 1985 (tit. orig. *Simvolika Peterburga i problemy semiotiki goroda*, in «Trudy po znakovym sistemam» 18, Tartu 1984).

Ju. Lotman, *K postroeniju teorii vzaimodejstvija kul'tur (semiotičeskij aspekt)*, in «Trudy po romano-germanskoj filologii», Tartu 1983.

B. Mjagkov, *Bulgakovskaja Moskva*, Moskovskij rabočij, Moskva 1993.

J. Rykwert, *L'idea di città*, Einaudi, Torino 1981 (tit. orig. *The Idea of the City*, Princeton University Press, Princeton 1976).

A.D. Skaldin. Stichi. Proza. Stat'i. Materialy k biografii, sost., podgot. teksta, vstup. stat'ja, komment. T.S. Car'kovoj, Izdatel'stvo Ivana Limbacha, Sankt-Peterburg 2004.

A.M. Sobrero, *Antropologia della città*, La Nuova Italia Scientifica, Roma 1992.

R. Williams, *The Country and the City*, The Hogarth Press, London 1985.